MÉMOIRE

A LA CONVENTION NATIONALE,

POUR LE CITOYEN *PARENT*,

EX-CONSTITUANT.

MÉMOIRE

A LA CONVENTION NATIONALE,

Pour le citoyen PARENT,

ex - constituant.

APRÈS avoir blanchi sous le poids des travaux dont j'ai été chargé dans l'Assemblée constituante, j'ai le malheur de me trouver dans les liens d'un décret d'arrestation, que ma conduite, sans reproche sous tous les rapports, ne devait pas me faire craindre.

Fort de mon innocence, et, je puis dire, hors d'atteinte du plus léger soupçon; quoiqu'indisposé, je n'ai pas balancé, dès que j'ai été instruit, par les papiers publics, de ce fatal décret, de partir sur-le-champ de ma campagne où j'étais depuis le mois de mai occupé de mes affaires domestiques, pour me rendre à Paris, et obéir au décret.

Mon indisposition ayant augmenté par l'état pénible de ma position, j'ai pris le parti d'écrire en route au président de la Convention, pour lui faire part de ma soumission à ses décrets.

Il faut donc me justifier, et ne pas laisser

A

au Peuple Français et à ses Représentans l'ombre du soupçon sur ma conduite.

Une lettre de Laporte au Roi, du 22 avril 1791, lui fait part d'offres de l'ancien évêque d'Autun ; il y annonce une nouvelle faction formée aux Jacobins pour le rétablissement de la force publique ; que cette faction est instruite que le roi a répandu de l'argent qui a été partagé entre Mirabeau et quelques autres ; que, dans l'espérance de participer à cette distribution, cette même faction va combattre le projet d'attaquer la liste civile ; qu'il apprend qu'il n'en sera pas question aujourd'hui, ou du moins des domaines ; que le comité des finances a indiqué à celui des domaines une séance de réunion pour ce soir. C'est à la suite de ces différens détails que se trouvent ces mots : *le président du comité des domaines m'a fait remettre ce matin son rapport, en me priant de le lui rendre avant midi.*

J'ai tout lieu de croire que si ce dernier fait se fût trouvé isolé, et dans un billet ou lettre particulière, que la Convention, quoiqu'attentive à tout dans les circonstances, ne l'eût pas suspecté de quelque liaison avec le surplus, et que je n'aurais bien certainement pas eu le désagrément d'être compris avec d'autres citoyens dans un décret d'arrestation.

Il est cependant très-vrai et très-certain que

ce fait de communication, non du rapport, mais d'un projet de rapport qui ne devait pas être plus secret que tontes les autres pièces déposées au comité, est absolument indépendant et étranger à tous autres détails contenus dans la lettre.

Je n'ai en effet jamais eu la moindre liaison avec l'évêque d'Autun, qui me connaîtrait à peine s'il me voyait ; je n'en ai pas eu davantage avec Mirabeau ; je n'avais pas, à beaucoup près, ni la célébrité, ni l'esprit d'intrigues propres à m'en faire rechercher. Je n'ai jamais entendu parler d'une faction formée aux Jacobins relativement à la liste civile. Enfin M. de Laporte ne dis pas qu'il ait appris par moi qu'il ne serait pas question à l'Assemblée, le jour qu'il écrit, de la liste civile, et que le comité des finances avait indiqué à celui des domaines une séance de réunion. Tous les détails de sa lettre me sont bien étrangers ; aucun ne peut m'être appliqué, ni ne peut me compromettre, ni même me faire suspecter. Tout se réduit donc enfin, à mon égard, à la simple communication du rapport : je vais en rendre le compte le plus exact.

Un premier décret de l'Assemblée constituante chargea son président de se retirer pardevers le roi, pour le prier de faire con-

maître ses intentions sur les sommes nécessaires à la dépense de sa maison, en consultant
plus ce qui convenait à sa dignité et à celle de
la nation, qu'à la sévérité de ses principes et
de son économie naturelle.

Le roi, par un message, demanda, 1°. 25
millions en argent; 2°., en outre, les revenus
des parcs, domaines et forêts des maisons de
plaisance qu'il conserverait ; 3°. que la
Nation se chargerait de l'arriéré de sa maison ; 4°. enfin, quatre millions de douaire
pour la Reine.

Par un décret du 9 juin, l'Assemblée vota
par acclamation, et décréta unanimement
toutes les dispositions et demandes portées
dans ce message ; le douaire de la reine fut
fixé à 4 millions.

Comme le roi n'avait pas désigné nommé-
ment les maisons de plaisance, parcs, forêts
et autres fonds qu'il desirait réserver, il lui fut
fait une députation pour cette désignation.

Il demanda , outre les 25 millions , les
domaines de Versailles, Marly, St.-Germain,
Compiègne, Fontainebleau, le Louvre et les
Thuileries, le château de Pau, les domaines
de Meudon, de Rambouillet et de St.-Cloud,
avec les châteaux et maisons en dépendans.

Le comité des domaines me chargea de
former le tableau du nombre d'arpens de

terres et de bois dépendans de ces différens domaines ; de l'âge, essence et qualité de ces bois, ainsi que les états de valeur, de produit, et des charges par année, pour lui remettre le tout sous les yeux.

Je m'occupai de cette partie de travail ; j'avais déjà dans les renseignemens généraux et particuliers que je m'étais procuré des bois ci-devant domaniaux, les états de contenance, de produit et des charges de ces bois, qui m'avaient été fournis par l'administration des domaines, par les grands-maîtres et les officiers des différentes maîtrises dans le ressort desquels ils étaient situés ; mais je n'avais encore rien pu me procurer de bien positif sur Rambouillet, Saint-Hubert, et Saint-Cloud nouvellement acquis, et sur les domaines de Meudon et de Versailles, parce que ces domaines (ceux de Meudon et de Versailles) avaient été détachés de l'administration générale, pour en former une particulière confiée à M. de Poix ; et celle de St.-Cloud, Sèves et Rambouillet faisait partie du département des bâtimens et de celui du ministre de la ci-devant maison du roi : ces derniers objets furent ensuite remis au département de la liste civile, et Laporte en fut chargé.

J'avais demandé à tous ces régisseurs et administrateurs particuliers, au nom du co-

A 4

mité , tous les renseignemens nécessaires à la plus parfaite connoissance possible de l'état, consistance et valeur tant foncière que de produit annuel de ces domaines. M. de Poix m'avait remis ceux relatifs à Versailles ; ils doivent être encore existans dans les cartons du comité des domaines. Je ne pus me procurer qu'avec beaucoup de peine des apperçus sur Rambouillet ; j'insistai pour avoir au moins le contrat d'acquisition que Laporte me communiqua.

Il venait quelquefois au comité pour solliciter le rapport ; jamais je ne conférais avec qui que ce fût , que portes ouvertes et publiquement ; et je me rappelle que m'étant plaint du peu de renseignemens que j'avais pu obtenir sur Rambouillet et Saint-hubert , et du peu de fond qu'on pouvait y faire , il me dit qu'il ne lui était pas possible de m'en procurer d'autres, et il s'excusa sur ce qu'il y avait peu de tems qu'il était chargé de cette partie : je ne lui dissimulai pas que , faute de renseignemens suffisans , je proposerais au comité de prendre pour base estimative de ce domaine , le prix de l'acquisition qui en avait été faite par le roi , de M. de Penthièvre. Il m'observa que j'adopterais une mesure bien rigoureuse ; qu'il en résulterait une valeur et un produit un peu exagéré , parce que l'objet avait été acquis fort cher : il m'ajouta au surplus, qu'il espérait que je lui communiquerais, non mon rapport, mais le simple projet que j'en avais fait ; je lui répondis que j'en parlerais au prochain comité. J'en conférai avec les membres, qui me dirent qu'ils y voyaient d'autant moins d'inconvéniens, qu'on était dans l'usage de communiquer les rapports aux parties intéressées ; qu'elles étaient même entendues aux comités assemblés, toutes les fois qu'elles le requéraient.

Je ne me souviens pas bien précisément si la Porte envoya chercher, ou si je lui fis remettre ce projet de rapport. Au surplus sa note prouve que je ne lui avais pas donné beaucoup de tems pour l'examiner, puisqu'il devait me le renvoyer avant midi du jour même qu'il lui avait été communiqué ; tels sont exactement les faits d'après lesquels la Convention jugera, sans doute, que je ne puis pas même être dans le cas du plus léger soupçon.

J'aurais pris sur moi de communiquer mon projet de rapport, sans en référer au comité, qu'il ne pourrait y avoir lieu à la moindre inculpation, puisque les rapports des comités n'étaient pas des pièces secrètes, qu'ils devaient, au contraire, être livrés à la plus grande publicité par l'impression et la distribution qui s'en faisait avant la discussion.

Je crois me rappeller que je fis adopter par le comité, pour base estimative de la valeur et du produit du domaine de Rambouillet, le prix de l'acquisition qui en avait été faite de M. de Penthièvre. Le rapport imprimé doit, ou je suis bien trompé, en faire mention.

Je fis également ajouter par l'art. V du projet de décret, lors de la discussion, que les bois et forêts, dont la jouissance était réservée au roi, seraient exploités suivant l'ordre des coupes et des aménagemens existans. Le motif de cette addition de ma part, fut de prévenir et d'empêcher toutes ventes extraordinaires et anticipation de coupes préjudiciables à la Nation.

Les projets de rapport et de décrets furent d'ailleurs discutés par les membres de plusieurs comités réunis ; ils furent remis en œuvre par le membre chargé d'en faire le rapport à l'Assemblée ; ils furent imprimés et distribués un mois avant d'être décrétés : ils ont donc été l'ouvrage de tous, et aucun n'a pû y avoir en particulier la plus légère influence. Je suis donc, à cet égard, sans le moindre reproche et à l'abri du plus léger soupçon.

L'inculpation qui m'a été faite, semble

m'autoriser à parler un peu de moi, et à donner un détail succint de toute ma conduite, et des travaux immenses que j'ai fait à l'Assemblée constituante.

Pour être entièrement à la chose publique, j'avais loué une chambre garnie à la proximité de l'Assemblée ; je ne l'habitais que la nuit, et jamais je n'y ai reçu personne. J'allais régulièrement au comité à six heures du matin, et quelquefois avant, en été, et je n'en sortais qu'à onze heures du soir, et quelquefois plus tard : toutes les personnes qui pouvaient y avoir affaire, étaient assurées de m'y trouver, ou à l'Assemblée à toutes heures : j'y étais dans la position du citoyen romain, qui désirait que sa maison fût ouverte à tous les regards. Le comité des domaines l'était : tous mes concitoyens pouvaient être les témoins de mes actions ; je travaillais tous les jours, sans en excepter les fêtes, 13 à 14 heures y compris le tems employé aux séances de l'Assemblée. J'y faisais des projets de rapports, j'en rassemblais péniblement les matériaux, et les rapporteurs en profitaient. J'avais une correspondance suivie aussi pénible, je dirai quelquefois aussi difficile que multipliée, avec les ministres, les intendans des finances, ceux des provinces, les capitaineries, les

capitaines des chasses, l'intendant des bâtimens, l'administration des domaines, les
directeurs, receveurs et contrôleurs, tant
à Paris qu'en province, et avec les autres
compagnies de finances, les chambres des
comptes, les bureaux des finances et chambres des domaines, les gardes des archives,
les commissaires et directeurs des salines,
les départemens, les districts et les munici-
palités, dès que ces corps ont été formés
et en activité, et avec nombre de particuliers.
Cette correspondance existe au comité ; elle
contient deux gros volumes sur lesquels toutes
mes minutes de lettres ont été copiées.

C'est par cette correspondance suivie et
soutenue, que je suis venu à bout de suivre
le fil de toutes les déprédations et dilapidations
dans les domaines, et autres parties des ad-
ministrations de l'ancien régime : je les ai
toutes mises au grand jour ; j'ai découvert
des domaines donnés à la faveur et à l'intri-
gue, soit à une ou plusieurs vies, aliénés,
ou engagés à vil prix ; de nombreux échanges frauduleux et ruineux pour la Nation,
comprenant des objets importans dont les
échangistes étaient en possession et jouissance,
sans que ces échanges fussent consommés,
ni même que les évaluations fussent faites ;
des concessions et affectations de forêts

domaniales faites également à vil prix, sous prétexte d'établissemens réels ou fictifs ; enfin les plus beaux domaines ci-devant de la couronne éclipsés et passés dans les mains des courtisans et gens en crédit.

Je préparais tous les rapports ; j'en faisais les projets, et le rassemblement des pièces justificatives pour mettre ensuite le tout sous les yeux du comité à chacune de ses séances ; mes travaux n'ont été que fructueux à la nation ; j'ai ainsi fait rentrer des sommes très-considérables, et j'en ai laissé beaucoup à recouvrer : les preuves de ces travaux sont consignées dans les différens cartons du comité des domaines. J'invoque de plus le témoignage de mes collègues à l'Assemblée constituante, et le rapport du citoyen Vergniaux, sur l'état des travaux des comités de cette Assemblée, au 30 septembre 1791.

Je présidais aussi le comité des emplacemens des corps administratifs et des tribunaux, qui ne laissait pas que de m'occuper, soit par la correspondance, soit en conférences avec les députés. J'ai fait ensorte de concilier la décence avec l'économie, dans les dépenses et dans les établissemens formés avec les édifices nationaux.

J'étais enfin commissaire du comité des domaines dans plusieurs autres comités, et au comité central de liquidation, auquel j'assistais très-régulièrement trois fois par semaine. Je ne me suis jamais écarté, dans mes opinions, de la sévérité des principes sur toutes les liquidations de quittances de finances, d'engagemens, soit de fonds, soit des droits d'échanges, de greffes et autres droits domaniaux, sur les réclamations de créances ou répétitions sur lesquelles j'ai toujours opiné pour le rejet, pour peu qu'elles parussent équivoques. Je puis invoquer sur ce point le témoignage du citoyen Camus.

J'ai enfin déjoué tous les projets des intriguans, des agioteurs et gens à affaires qui nous obsédaient pour faire ensorte d'avoir à vil prix, soit des domaines, soit des forêts nationales à ferme, à longues années, sous le prétexte de leur rétablissement et de leur restauration.

Je n'ai eu de correspondance avec les ministres, que pour les affaires du comité. Je n'ai été en liaison avec personne : toujours isolé et uniquement occupé des affaires importantes qui m'étaient confiées, je n'étais connu que dans l'Assemblée et de mes confréres, dont je crois avoir mérité l'estime. Je n'avais aucune célébrité au déhors; et, dans le public, j'étais en quelque sorte ignoré, parce que je ne faisais aucun rapport à la tribune, ayant peu d'organe et de tems.

Je ne suis pas entré une seule fois au château des Tuileries, depuis la translation de l'Assemblée constituante à Paris jusqu'à sa séparation : époque à laquelle je suis parti pour ma campagne où je suis constamment resté occupé de mes affaires, qui avaient beaucoup souffert par près de trois années d'absence jusqu'au dernier décembre, jour de mon retour à Paris, où j'avais été engagé de me rendre pour donner au comité des domaines de l'Assemblée législative, quelques renseignemens sur les domaines. Si-tôt après mon arrivée, je me présentai au comité : on nomma un des membres, le citoyen Goujon, pour conférer avec moi ; je lui ai donné ainsi qu'aux autres membres, tous les éclaircissemens qu'ils m'ont demandés.

Je me chargeai, pendant le séjour que je fis à Paris, de la partie de la collection des décrets concernant les domaines, les bois et forêts, et les emplacemens, qui me fut confiée. J'ai quitté la capitale le 14 mai dernier ; j'ai vécu retiré à ma campagne, à la suite de la régie et exploitation de mon bien ; je serais encore tranquille à cette campagne, sans l'évènement malheureux qui m'a obligé d'en sortir pour venir me justifier. Je crois l'être de manière à ne pas laisser le plus léger nuage

sur ma conduite ; et j'ose espérer de la justice
de la Convention, seule compétente pour me
juger, s'agissant d'un fait de la place qui
m'était confiée, qu'elle voudra bien rapporter
le décret d'arrestation qu'elle a porté contre
moi.

PARENT.

A PARIS, de l'Imprimerie de GUÉRIN, rue des
Boucheries, près le Palais-Egalité. 1793.